Massimo Wolke

Tiere mit Penissen

Das Malbuch

Massimo Wolke

Tiere mit Penissen

Das Malbuch

Bibliografische Information der Deutschen Nationalbibliothek:
Die Deutsche Nationalbibliothek verzeichnet diese Publikation in der
Deutschen Nationalbibliografie; detaillierte bibliografische Daten sind im
Internet über http://dnb.dnb.de abrufbar.

© 2017 Massimo Wolke
Herstellung und Verlag:
BoD – Books on Demand, Norderstadt

ISBN: 978-3-7431-2532-2

CPSIA information can be obtained
at www.ICGtesting.com
Printed in the USA
BVHW090039230719
554057BV00015B/766/P